Numérologie

2024

Le temps est venu de croître et d'acquérir l'abondance et la prospérité. Le succès s'obtient en voyant grand et en rêvant grand. 2024 est une année puissante pour gagner de l'argent, du pouvoir et du succès.

Alina A. Rubi et Angeline Rubi

Introduction

Il n'y a pas de hasard, il y a de la synchronicité. Nous naissons tous à un jour, un lieu, une date et une heure qui ne sont pas des caprices du destin. Nous apportons avec nous des missions spécifiques et des leçons de vies antérieures.

En utilisant la numérologie, nous aurons une plus grande autonomie et prendrons notre destin en main.

La numérologie est l'étude des nombres et de leur signification. C'est une discipline basée sur le concept que le nom, le jour, le mois et l'année de votre naissance contiennent des informations fondamentales sur vous. En analysant les valeurs numériques des lettres qui composent votre nom et votre prénom et les chiffres de votre date de naissance, vous pouvez découvrir des aspects importants de votre personnalité et de votre but dans la vie.

La numérologie est une ancienne tradition ésotérique utilisée par les mystiques et les philosophes depuis des milliers d'années en Chine, en Grèce, à Rome et en Égypte.

La numérologie est la correspondance entre les nombres et les événements et l'analyse de leur influence sur la vie. Nous pouvons utiliser la numérologie pour apprendre à nous connaître et explorer nos talents. La numérologie est si vaste qu'elle peut être utilisée pour obtenir des informations sur la santé, la carrière, les relations et les objectifs de vie.

On attribue à Pythagore le mérite d'avoir été le premier à maîtriser cet outil, ce qui explique qu'il soit considéré comme le père de la numérologie. Non seulement il a grandement contribué à l'avancement et au raffinement de la numérologie, mais il est également le créateur de nombreuses hypothèses mathématiques.

Numérologie 2024

*Selon la numérologie, 2024 ajoute le chiffre **8**.*

Ce nombre est lié à l'abondance, au pouvoir, à l'équilibre et à la justice.

En cette année 2024, nous devons réévaluer notre rapport à la prospérité. Nous devons être organisés, payer nos dettes financières et organiser notre vie de manière plus efficace. C'est une année où nous devons valoriser notre temps et nous concentrer sur ce qui est important.

Nous devons apprendre à vivre sans peur et essayer de guérir nos blessures au niveau subconscient.

Cette année vous donnera l'occasion de prospérer spirituellement et matériellement. Pour ce faire, vous devez augmenter votre niveau d'estime de soi.

Cette année sera riche en défis, mais n'oubliez pas que vous en tirerez des enseignements.

Les critiques et les soulèvements contre les abus, les tyrannies, la violence et les dictatures se multiplieront dans le monde entier.

Quelle est la signification spirituelle du nombre 2024 ?

Les significations des différents chiffres qui composent le nombre 2024 selon la numérologie sont les suivantes :

Le chiffre 2 symbolise la dualité, la famille, la vie privée et la vie sociale. Vous apprécierez la vie domestique et les réunions de famille.

Le chiffre 2 indique une personne sociable, amicale et empathique. C'est le chiffre de la coopération, de l'adaptabilité et de la considération pour les autres.

Ce nombre symbolise l'équilibre, l'unité et l'affinité. C'est aussi un excellent médiateur, honnête et diplomate. Il représente l'intuition et la vulnérabilité.

Le chiffre 4 établit la stabilité et évoque le sens du devoir et de la discipline. Il évoque la construction d'une base solide. Ce chiffre apprend à évoluer dans le monde matériel et à développer l'esprit logique.

Le chiffre 0 : tout commence au degré zéro et se termine au point zéro. Parfois, nous ne connaissons *pas la fin, mais nous connaissons le début, qui est le point zéro.*

La Force.

La force est à la fois la carte 11 et la carte 8 du Tarot. Cette carte du Tarot symbolise la constance, la force et la ténacité pour survivre.

Cet arcane représente la capacité à surmonter les obstacles. Le pouvoir de l'intelligence sur la force. Il représente également la patience, l'intuition et la réconciliation des contraires.

D'un point de vue astrologique, l'arcane La Force du Tarot est lié au signe zodiacal du Lion et à la planète Mars.

Cette carte de tarot a deux perspectives numérologiques : elle est le numéro 11 dans le Tarot de Marseille, un numéro de maître, et le numéro 8 dans le Tarot de Rider Waite.

La force est le prototype de l'endurance. Toujours en contact avec son intuition et sa créativité, mais avec un talent surdéveloppé, de la vivacité, de la perception et de la subtilité.

La Force a la capacité de contrôler les instincts les plus essentiels pour atteindre ses objectifs. Elle n'abandonne jamais, elle ne s'éteint pas, elle résiste.

La Force atteint invariablement ses objectifs, surmontant toutes les difficultés avec perspicacité et astuce.

Cet arcane mettra à l'épreuve votre résistance, votre force d'âme, votre tolérance, vos limites et, si vous voulez vraiment changer quelque chose ou atteindre un objectif, vous devrez persévérer sans renoncer à essayer.
Cela signifie que pour atteindre vos objectifs, vous devrez cesser d'être impatient, bannir la peur et enterrer votre ego.

Si, l'année dernière, vous avez essayé d'atteindre un objectif et que vous avez échoué, c'est que vous n'avez pas utilisé les bonnes méthodes. Cette année, la Force vous demande donc non pas de changer d'objectif, mais de changer votre attitude et les méthodes qui ne vous conviennent pas.

Vous devez utiliser les énergies de la Force des arcanes pour vous remplir de courage et d'endurance. Vous devez être stoïque, audacieux et déterminé à surmonter vos peurs, et vous ne réussirez qu'avec de la discipline et de la persévérance.

Rien ne vous empêchera d'atteindre vos objectifs, mais vous ne devez pas être pressé et vous ne devez pas tourner le dos aux défis qui se présentent à vous.

C'est un arcane de pouvoir, vous ne devez pas être pressé, acceptez les défis et continuez avec patience. Vous avez le pouvoir et l'endurance nécessaires pour vaincre. Ne vous sentez pas coupable des choses qui sont hors de votre contrôle, concentrez-vous sur vous-même, sur votre moi intérieur. Vous devez vous perfectionner pour donner le meilleur de vous-même.

En amour, cette carte du tarot indique la fidélité et la stabilité des relations. Elle symbolise l'effort quotidien que chaque couple doit fournir pour maintenir une relation saine afin qu'elle devienne une union heureuse.

D'un point de vue matériel, cette carte du tarot annonce qu'une saison prospère s'annonce et que, si vous êtes astucieux, vous saurez maîtriser toutes les situations, même les plus difficiles. Vous recevrez toute la reconnaissance que vous méritez, vous serez récompensé. C'est l'année de la réalisation de vos rêves.

Votre capacité de travail augmentera, vous serez persévérant et capable de planifier et d'aller plus loin, toujours en pensant à l'avenir.

Cette carte du tarot annonce que votre santé sera bonne, car vous aurez beaucoup de vitalité. Vous devrez être discipliné dans votre bien-être, mais vous êtes sur la bonne voie, vous serez en très bonne santé.

Cette carte du Tarot, **La Force,** *vous rappelle que vous avez la capacité et la force intérieure d'atteindre tous les objectifs que vous vous fixez.*

Nombre de Trajectoire de vie ou de mission

Pour calculer votre chemin de vie ou numéro de mission, le chiffre qui indique vos compétences et aptitudes et vous donne des indices sur les opportunités de votre vie, vous devez additionner votre date de naissance, c'est-à-dire faire la somme de tous les chiffres de votre date de naissance.

Par exemple, si un homme nommé Juan Carlos Pau est né le 7 décembre 1965, son numéro de naissance est le 4.

La procédure est la suivante :

7 + 1 + 2 + 1 + 9 + 6 +5 = 31

Ce nombre est dérivé de la place numérique du mois dans l'année, qui est 12, de la date numérique du mois, qui est 7, et de la division numérique de l'année, qui est 1, 9, 6 et 5.

Comme 31 est un nombre composé, il est séparé et additionné :

3 + 1 = 4

Dans cet exemple, le nombre du chemin de vie de Juan Carlos est le 4, un nombre qui atteint ses objectifs grâce à une combinaison d'attitude tenace, de bon jugement et d'amour.

Signification du chiffre 1

Le chiffre un représente l'unité. Ces personnes se caractérisent par le désir de faire ce qu'elles veulent et d'imposer ces désirs à leur entourage. Ces personnes sont très intelligentes, car en apparence, elles vous font croire qu'elles ont accepté votre opinion, mais en coulisses, elles font ce qu'elles veulent.

Ce sont des personnes très énergiques et rebelles, mais la plupart d'entre elles réussissent, quelle que soit leur profession.

Ils veulent que les réalisations de leur vie laissent une trace et craignent de ne pas être reconnus au travail et dans leur carrière.

Le chiffre 1 représente la capacité à s'adapter et à réagir aux changements prévus et imprévus.

Elles symbolisent le mieux le leadership et la générosité. Ce sont des personnes intelligentes et extraverties. Elles ont une forte personnalité et sont enclines à être quelque peu égoïstes.

Les personnes ayant ce nombre vivent leur vie avec intensité, sans limites. Elles n'ont pas de problèmes éthiques et se comportent avec passion et insouciance.

Lorsqu'ils croient en une idée ou une cause, ils la défendent jusqu'au bout. Leurs convictions sont si profondes qu'ils sont prêts à se battre pour protéger ce qu'ils croient juste.

Ce sont des personnes déterminées ; lorsqu'elles se fixent un objectif, elles l'atteignent, même si elles rencontrent un million d'obstacles sur leur chemin. Elles ne craignent pas de se sacrifier.

Ils sont très amicaux et ont un grand sens de l'humour. Ils sont généralement populaires et c'est un plaisir de les côtoyer.

Ils sont sensibles aux offenses, mais ne prennent pas au sérieux celles qu'ils infligent eux-mêmes. Si quelqu'un les blesse profondément, ils n'hésitent pas à se venger et deviennent des individus cruels.

Leur mission dans la vie n'est pas seulement d'atteindre leurs propres objectifs, mais aussi d'aider les autres à les atteindre. Ils ont la capacité de motiver les autres.

Le défi pour les personnes ayant ce numéro est de ne pas être aussi égocentriques et de transmettre à leur entourage leur enthousiasme pour l'action.

Ce sont des personnes très indépendantes et si, en raison de certaines circonstances de la vie, elles doivent dépendre de quelqu'un d'autre, elles tombent dans la dépression.

Leur aspiration dans la vie est d'être indépendants et, une fois qu'ils y parviennent, ils se concentrent sur leur rôle de leader.

Quel que soit le secteur dans lequel il opère, le numéro 1 sera toujours aux commandes et dictera les règles dans son domaine de travail ou sa profession.

Les aspects négatifs du numéro 1 sont le narcissisme, l'égocentrisme et l'irritation. Ils sont parfois susceptibles d'avoir une ambition incontrôlée et d'être arrogants, vaniteux et impertinents.

Les personnes portant le chiffre 2-2 sont caractérisées par leur protection, leur noblesse et leur affabilité.

Elles aiment accueillir des gens chez elles et s'occuper d'eux, ce qui les remplit d'exaltation et de plaisir. Elles sont généreuses et ont généralement beaucoup d'amis.

Ils aiment organiser des fêtes et n'oublient jamais les anniversaires des amis et des parents, sans oublier les anniversaires de mariage.

Les personnes portant le chiffre 2 sont toujours impliquées dans des activités communautaires ou affiliées à des groupes politiques. Ces activités satisfont leur besoin de reconnaissance et leur permettent de socialiser avec d'autres personnes.

2 est une personne attentionnée et serviable. Il aime se sentir aimé et utile.

L'enfance des personnes portant le chiffre 2 est bonne. Elles sont capables de donner de l'amour. Elles sont également très intuitives en ce qui concerne les émotions des autres et peuvent lire dans l'âme des autres. Elles détestent être seules.

Le numéro 2 typique possède toujours une maison pleine d'amis et, s'il ne peut pas venir, il a recours à de longues conversations au téléphone avec ses amis et ses proches.

La vie sociale et familiale est importante pour le numéro 2, qui se marie généralement très jeune en raison de son désir de fonder une famille et a souvent beaucoup d'enfants, ce qui fait de lui un bon parent.

Les conflits leur font peur car ils n'ont pas un esprit résistant et stable.

Elles excellent dans leur domaine professionnel, mais il leur est difficile d'atteindre le succès absolu parce qu'elles manquent de persévérance. Elles sont également un peu paresseuses, même si elles ne se l'avouent pas à elles-mêmes.

En cas d'échec, ils cherchent des excuses dans des facteurs externes, mais ne procèdent jamais à une analyse constructive des particularités de leur personnalité qui ont déclenché l'échec.

Leur aspiration est de capter l'attention des personnes qui les entourent. Pour ce faire, ils séduisent leur entourage en leur donnant ce qu'ils désirent. Le problème, c'est qu'ils promettent plus qu'ils ne peuvent tenir.

Ils peuvent devenir des parents très permissifs et élever des enfants désobéissants.

Ils sont attirés par les caresses, ils ont besoin de prendre dans leurs bras et d'embrasser tous ceux qu'ils aiment et ils adorent être embrassés et pris dans leurs bras.

Ils excellent dans les sports, en particulier les sports d'équipe.

Ils sont attachés à la nature et organisent donc souvent des excursions avec leur famille et leurs amis.

Si vos ressources financières le permettent, vous possèderez une maison à la campagne où vous serez heureux, en contact avec la nature et les animaux.

Au travail, les personnes ayant ce numéro sont celles qui travaillent avec le public et qui gèrent du personnel.

Signification du chiffre 3

Le chiffre 3 représente l'expansion. Ces personnes se caractérisent par leur perspicacité à réaliser tout ce qu'elles désirent.

Ce sont des personnes analytiques qui étudient en détail toutes les informations qui leur parviennent afin de tirer le meilleur parti de chaque opportunité.

Ils persistent dans leurs objectifs et sont prêts à tout pour les atteindre. Cependant, la force qu'elles ont déployée au début s'estompe au fil du temps et leurs objectifs ne sont pas atteints. Dans ce cas, elles changent de plan.

S'ils veulent quelque chose et qu'ils trouvent un chemin plus court pour atteindre leur destination, ils le suivront, que ce chemin soit moralement correct ou non.

Nombreux sont ceux qui manquent de volonté et d'endurance pour surmonter les difficultés auxquelles ils sont confrontés.

Leurs sentiments sont volatiles, un jour ils sont enthousiastes, mais un mois plus tard ils peuvent se désintéresser complètement de la question.

Les personnes ayant le chiffre 3 sont fascinées par le recommencement.

Tant qu'ils s'intéressent à quelque chose, ils y consacrent toutes leurs aptitudes mentales et leurs compétences, mais ils ne sont pas en mesure de maintenir cet intérêt longtemps.

La routine les fatigue et lorsqu'ils changent d'intérêt, ils redeviennent enthousiastes.

Il en va de même en amour. La personnalité 3 est narcissique et a du mal à entretenir des relations stables.

Elles sont séduisantes, chaleureuses, charismatiques et amicales. Si elles veulent conquérir quelqu'un, elles y parviendront car la personne ne pourra pas résister à leurs séduisantes méthodes de séduction.

Ils tombent généralement amoureux au premier regard et pensent que la personne qu'ils ont rencontrée est leur âme sœur.

Ils se sentent ainsi et, au début de leur relation, ils pensent déjà au mariage et aux enfants. Malheureusement, cela ne se produit pas car la passion disparaît avant qu'ils n'atteignent l'autel.

Ils ont tendance à avoir deux personnalités. D'une part, elles essaient de sauver les apparences, de paraître sûres d'elles aux yeux du monde et de soigner leur image. D'autre part, elles ressentent une insécurité intérieure et craignent que quelqu'un ne les démasque.

Ils suivent leur intuition : s'ils ont blessé quelqu'un, des excuses sincères ne poseront pas de problème.

Le chiffre 4 symbolise la volonté. Les personnes portant le chiffre 4 confondent souvent ténacité et entêtement.

Ils ont tendance à défendre leurs opinions devant les autres et continueront à le faire, même si les faits leur donnent tort.

Ils ont du mal à reconnaître qu'ils ont tort et n'acceptent presque jamais leurs erreurs.

Le 4e est caractérisé par la responsabilité. Dans le travail, cette qualité est admirable. S'il doit terminer un travail, il peut veiller toute la nuit pour le faire à temps.

Au travail ou dans toute autre activité, le 4 aura une très bonne présence.

Il ne manquera à ses devoirs sous aucun prétexte, la seule chose qui pourrait l'en empêcher serait une maladie grave.

A la maison et avec leur partenaire, les n°4 sont des personnes difficiles car ils exagèrent les situations et ont tendance à se noyer dans un verre d'eau. Ils créent des problèmes pour des broutilles, ce qui irrite beaucoup leur entourage.

Ces accès de mauvaise humeur ne durent pas longtemps et le numéro 4 retrouve rapidement son calme et oublie l'incident.

Optimistes et sarcastiques, ils ont l'esprit vif et un sens de l'humour qui amuse leurs amis.

Ils ont une vision analytique du caractère des autres et peuvent déceler les défauts que les gens veulent cacher. Il est difficile de tromper un numéro 4 et ceux qui essaient sont victimes de leur satire.

Un numéro 4 a peu de chances d'assister à une fête et de passer inaperçu, car son sens de l'humour et sa personnalité extravertie l'amèneront au centre de l'attention.

Parmi ses aspects négatifs, on peut noter que le nombre 4 a tendance à connaître des moments de tristesse, durant lesquels il concentre ses énergies de manière négative.

Il passe généralement ces moments mélancoliques à analyser sa vie, mais à cause de sa mauvaise humeur et de son manque d'enthousiasme, il finit par être insatisfait de lui-même et de sa vie.

*Vous vous sentez seul et vous ne parlez de vos pensées
à personne. Vous aimez paraître confiant et optimiste
et cacher vos insécurités.*

Signification du chiffre 5

En numérologie, le chiffre 5 est connu comme l'ermite expert.

Les personnes ayant ce numéro considèrent la vie comme une aventure passionnante.

Ils sont analytiques et logiques et aiment découvrir les mystères de tout ce qui se passe autour d'eux. L'ignorance et le manque de connaissances les ennuient.

L'intelligence est leur meilleure vertu. Ils sont brillants et ils le savent, ils sont donc un peu arrogants, curieux et essaient d'accroître leurs connaissances.

Ce sont généralement des personnes mélancoliques et introverties. Cependant, elles savent écouter les autres et prodiguer des conseils.

Votre but dans la vie est d'apprendre et l'argent pour le numéro 5 n'est qu'un moyen de voyager ou de gagner du temps pour vous consacrer tranquillement à l'étude des sujets qui vous intéressent.

L'enrichissement n'est jamais votre but et vos énergies seront concentrées sur quelque chose de plus élevé.

Ils ne sont pas très communicatifs et parfois même leurs amis proches les considèrent comme des inconnus. Il est important pour un numéro 5 de protéger sa vie privée et de maintenir une distance émotionnelle avec les autres, car il se sent ainsi protégé. Sinon, il s'isole des personnes auxquelles il tient le plus.

Les numéros 5 sont des intellectuels, mais ils peuvent aussi se consacrer à la vie religieuse.

Certains sont introvertis et apprécient la solitude comme personne d'autre. Ils détestent être harcelés et aiment que leur vie privée soit respectée.

Ils sont accueillants et nouent toujours des amitiés solides et durables, mais n'ont pas une vie sociale aussi active.

Ils ont une imagination et une capacité intellectuelle incroyables. Ils aiment profiter de leur temps car, pour eux, le divertissement est une façon de le gaspiller. Si cela ne tenait qu'à eux, ils consacreraient chaque minute de leur vie à l'étude.

Le numéro 5 a besoin d'affection et de se sentir aimé, mais il ne sait pas comment le demander ni comment s'adresser aux autres. Il est déconnecté de ses propres émotions, et ses propres sentiments lui sont étrangers, comme si c'était quelqu'un d'autre qui les ressentait.

Ils ont tendance à être égoïstes avec l'argent, ce qui ne signifie pas qu'ils sont impatients d'accumuler des richesses, mais plutôt qu'ils préfèrent gérer leurs ressources de manière à avoir l'esprit tranquille et à pouvoir consacrer leurs capacités intellectuelles à des sujets qui les intéressent vraiment.

Lorsque quelqu'un offense un numéro 5, il ne répond pas par des insultes ou des bagarres, mais si l'offense est grande, le numéro 5 retire son affection à l'offenseur. Lorsqu'un numéro 5 perd son affection pour quelqu'un, c'est pour toujours. Il est implacable et ne pardonne pas.

Signification du chiffre 6

Les personnes portant le chiffre 6 affichent une apparence paisible à l'extérieur. Ce n'est qu'une façade, car à l'intérieur, elles sont souvent tourmentées par des problèmes existentiels et des peurs.

Elles ressentent constamment un sentiment de danger, qui peut soit exister réellement, soit n'être que le fruit de leur imagination. Elles peuvent avoir une peur profonde du changement, des erreurs, de la solitude et de la trahison.

Elles souffrent d'insécurité et d'un manque de confiance en elles. Elles se croient incapables de faire face à des situations conflictuelles et cela les terrifie.

Elles communiquent bien en société malgré leur timidité. Cependant, elles ont tendance à se sentir observées et persécutées, et ne font donc confiance à personne. Elles doutent des intentions des gens et cette attitude les conduit parfois à s'isoler.

Les personnes portant le chiffre 6 détestent la confusion dans les relations amoureuses, elles disent clairement ce qu'elles ressentent et attendent la même chose de leur partenaire. Elles s'efforcent d'être gentilles et polies.

Le numéro 5 a une double personnalité, son monde intérieur est totalement différent de ce qu'il montre à l'extérieur.

Le numéro 6 a du mal à se connaître, il est instable et passe d'un optimisme exagéré à un pessimisme dramatique, il n'arrive pas à trouver l'équilibre.

Dans leurs relations, ils oscillent d'un extrême à l'autre ; s'ils rencontrent quelqu'un qui leur plaît, ils le considèrent immédiatement comme le meilleur ami du monde. Cependant, ils finissent par être désillusionnés et s'éloignent de cette personne.

Pendant l'enfance, les personnes ayant le chiffre 6 ont craint les personnes autoritaires. La plupart d'entre elles ont été élevées par des personnes possessives qui ont amplifié cette insécurité du chiffre 6.

À l'âge adulte, ils tentent de contrer ce sentiment d'insécurité en établissant une relation avec une personne qui les protège émotionnellement.

Lorsqu'il s'agit de prendre une décision, le numéro 6 est réticent à donner son avis ou à se prononcer sur une question. S'il est contraint de donner son avis, il est peu probable qu'il montre ce qu'il ressent vraiment, à moins qu'il ne soit avec des personnes en qui il a confiance.

Elles sont énergiques et efficaces au travail. Elles sont capables de se concentrer.

Ils parviennent à gravir les échelons et à occuper des postes importants grâce à leur sens du détail et à leur persévérance.

Je suis capable de travailler en équipe et d'exécuter les ordres sans problème.

Ils sont attentifs aux membres de la famille et montrent facilement leur affection.

Signification du chiffre 7

Le chiffre 7 est considéré comme le chiffre le plus spirituel. Ces personnes ont une énorme capacité intuitive.

Ce qui les tourmente, c'est le sentiment de ne pas profiter pleinement de la vie. Ils ont constamment besoin de nouvelles expériences qui leur permettent d'apprendre et d'intégrer des connaissances. Elles aiment voyager, découvrir d'autres cultures, apprendre de nouvelles langues et sont prêtes à tout pour satisfaire leur désir d'aventure.

En général, les personnes portant le chiffre 7 ont eu une enfance où elles ont été stimulées intellectuellement, ont appris à penser par elles-mêmes et ont beaucoup de bon sens.

Vous aimez avoir des relations avec les gens et établir des liens permanents. L'amitié est une affaire sérieuse pour le numéro 7, qui a peu d'amis, mais qui entretient des amitiés à vie.

Elles sont compréhensives et compatissantes. Elles sont empathiques et se mettent à la place des autres.

Elles sont généralement impliquées dans des activités caritatives.

Il n'est pas facile de tromper un numéro 7 grâce à son intuition, car il détecte facilement le mal, le mensonge et les mauvaises intentions. Ils choisissent bien les personnes de leur entourage, aiment les personnes altruistes et se tiennent à l'écart des personnes insensibles et égoïstes. Cette attitude leur vaut la réputation d'être arrogants.

Ils souhaitent un équilibre entre la vie sociale et le temps passé seul pour réfléchir à leur situation.

Le numéro 7 est utopique, il entreprend des activités qu'il n'achève jamais ou fait des projets qu'il ne réalise jamais. Il est donc susceptible de souffrir de pessimisme.

Elles se laissent guider par leur intuition. Ils sont extravertis et aiment s'amuser. La solitude n'est jamais appréciée par le numéro 7 et provoque des changements dans son tempérament.

Les 7 se caractérisent par leur caractère studieux et introspectif. Ils aiment analyser les connaissances et adopter de nouvelles perspectives sur les sujets qu'ils découvrent.

Ils aiment les débats intellectuels, où ils peuvent défendre leur point de vue tout en écoutant celui des autres.

Durant l'enfance, le chiffre 7 a été amené à surmonter les peurs en faisant appel à l'imagination. Les personnes portant ce chiffre n'ont souvent pas eu de bonnes relations avec leurs parents et se sont rebellées contre l'autorité parentale. Quand elles le veulent, elles peuvent être tout à fait charmantes et s'attirer les faveurs de tout le monde.

Signification du chiffre 8

Les personnes portant le chiffre 8 se caractérisent par une grande sensibilité. En raison de cette sensibilité, elles sont influençables. Elles doivent être traitées avec douceur, car elles peuvent être facilement blessées.

Dans la sphère sociale, elles brillent par leur amabilité, leur charisme et leur vivacité d'esprit. Elles séduisent par leurs manières et leur éducation.

Elles jugent les autres avec une certaine sévérité. Elles ont tendance à être compréhensives à l'égard de leurs propres erreurs, mais dures et exigeantes à l'égard des erreurs des autres.

Ils n'acceptent pas que l'on souligne leurs erreurs et ne laissent guère passer celles des autres. L'indulgence n'est légitime que pour eux-mêmes. Elles peuvent être un peu cruelles.

Le numéro 8 a généralement une très bonne image de lui-même et le démontre par des commentaires sarcastiques.

Au travail, elles ne savent pas travailler en équipe, sont rebelles et génèrent beaucoup de conflits. Ils sont enclins à s'apitoyer sur leur sort et pensent qu'ils sont les personnes les plus malheureuses et misérables de la planète.

Sur le plan émotionnel, ils sont très inconstants : un jour, ils peuvent être très intéressés par quelque chose ou quelqu'un, et le lendemain, ils peuvent s'en désintéresser complètement. En amour, elles peuvent être très affectueuses à un moment et totalement indifférentes le lendemain.

Ils aiment voir leurs souhaits se réaliser et utilisent les mots pour y parvenir, car ils sont d'excellents orateurs et peuvent facilement convaincre n'importe qui.

Leur comportement varie selon leur convenance. Ils sont rebelles sans raison et n'aiment pas suivre les ordres. Cependant, si cela leur convient, ils se comportent comme les personnes les plus dociles du monde.

Amoureux de l'argent, les numéros 8 vivent confortablement sans problèmes financiers. Ils sont économes et bons gestionnaires.

Si quelqu'un les blesse, ce qui est facile, ils deviennent vengeurs et ne s'arrêtent pas tant qu'ils n'ont pas l'impression d'avoir été récompensés en nature. Cependant, avec les personnes en qui elles ont confiance, elles sont sensibles et toujours prêtes à aider leurs proches.

Le numéro 8 n'est pas une personne mélancolique ou réfléchie. Il aime profiter des plaisirs de la vie sans se poser de problèmes philosophiques ou existentiels. Il est généralement de nature joyeuse dans ses relations avec les autres.

Signification du chiffre 9

Les personnes portant le chiffre 9 sont mentalement indépendantes et souffrent si elles se sentent contraintes.

Leur personnalité est extrêmement optimiste, ils parviennent à trouver un côté positif à tout, indépendamment du caractère dramatique de chaque situation.

Il est direct et honnête et, s'il a des collaborateurs sous ses ordres, il prend des décisions impartiales. Cette caractéristique lui vaut rapidement l'estime de ses subordonnés.

Ils détestent la trahison ; s'ils trahissaient quelqu'un, ils ne se le pardonneraient jamais. Elles savent dire les choses de manière à ne blesser personne. Dans la sphère sociale, elles se distinguent par leurs réponses brillantes.

Elles sont observatrices et ont le souci du détail. Elles savent à qui faire confiance et à qui ne pas faire confiance, bien qu'elles ne traitent jamais personne mal.

Ils ne sont jamais de mauvaise humeur, leur caractère est joyeux et c'est pourquoi tout le monde veut être avec eux.

Le péché du numéro 9 est la paresse. Il n'est pas actif, il aime dormir et se reposer sans rien faire. Ils sont méfiants et se laissent facilement influencer par les autres.
Ils n'ont pas d'objectifs clairs et se laissent emporter par les idées des autres. Parfois, ils sont irresponsables, se laissent emporter par leurs émotions et ne pensent pas aux conséquences.

En général, ils ont de la chance, mais par négligence, ils ratent des occasions que d'autres auraient pu saisir immédiatement.
Ils craignent les difficultés, les fuient lorsqu'elles se présentent et sont incapables de faire face à des situations difficiles.

En amour, le 9 peut avoir tendance à exagérer ses sentiments, mais il est passionné.

Le pessimisme de votre entourage ne vous affecte pas, car votre optimisme résiste à toutes les situations.
Ils ne sont pas rancuniers, ils oublient rapidement les offenses. Ils ont un cœur et une âme nobles.

Elles sont généreuses et toujours prêtes à justifier les fautes des autres ; elles ne sont pas exigeantes envers les autres.

Elles renoncent souvent à leurs propres désirs pour se conformer aux attentes des autres. Ce ne sont pas des battants, ils ont donc tendance à abandonner facilement.

Comment calculer le numéro de destination ou d'expression

Votre numéro de destin ou d'expression est calculé à partir de votre nom et de votre prénom. Ce nombre indique vos talents, vos dons et vos faiblesses.

Il est calculé à partir de votre nom complet ; si vous avez deux noms, utilisez-les et évitez les abréviations. Vous devez attribuer un numéro à chaque lettre de votre nom, en utilisant le tableau ci-dessous :

1 - A, J, S

2 - B, K, T

3 - C, L, U

4 - D, M, V

5 - E, N, W

6 - F, O, X

7 - G, P, Y

8 - H, Q, Z

9 - I, R

***Note** : pour les lettres suivantes : "CH" utilise C = 3 et H = 8, "LL" deux L, c'est-à-dire 3-3, et "Ñ" 5, comme N*

Une fois que vous avez trouvé les chiffres correspondant à chaque lettre de votre nom, vous devez les additionner et les réduire à un seul chiffre.

N'oubliez pas d'inclure les noms de famille. Les seuls nombres qui ne peuvent pas être réduits sont 11 et 22, car ce sont des nombres maîtres.

Une fois que vous avez converti votre prénom et votre nom en un seul chiffre, vous devez les additionner et les réduire à un seul chiffre. Ce chiffre sera votre numéro d'expression.

Pour notre ami Juan Carlos Pau, la situation serait la suivante :

$1+3+1+5+3+1+9+3+6+1+7+1+3 = 44$

27 *est un nombre composé et doit être simplifié :*

$4 + 4 = 8$

Le chiffre fétiche de Juan Carlos Pau est 8.

Signification des chiffres ou expressions du destin

Expression cible ou numéro 1

Vous êtes indépendant et passionné. Vous avez la capacité d'influencer les émotions de ceux qui vous entourent. Vous êtes le numéro un, vous êtes donc un leader par excellence car vous avez une aura magnétique d'autorité. Les personnes ayant ce nombre d'expression sont parfois vaniteuses et prétentieuses, leur identité est intense et lorsque les autres ne sympathisent pas avec leurs intérêts ou ne répondent pas à leurs attentes, elles sombrent dans le pessimisme et la mélancolie.

Numéro d'expression ou Destination 2

Elles sont insouciantes, négligentes et apathiques. Elles ont des instincts naturels forts. Elles sont généreuses et les paroles désobligeantes les irritent. Elles deviennent irritables et contrariées en cas de conflit. Elles sont sociables et aiment les amis.

Expression cible ou numéro 3

Ce sont des rêveurs spirituels, généreux, expressifs et enthousiastes. Elles ont la capacité d'influencer leur entourage. Elles sont amicales, ont une excellente intelligence et capacité d'expression, et gèrent les conflits avec courage et créativité.

Expression cible ou nombre 4

Elles sont organisées et résolvent les conflits de manière méthodique. Ils aiment la musique et l'art. Ils adorent les relations, l'amour étant pour eux la chose la plus sublime de l'univers. Vous pouvez leur faire confiance les yeux fermés, mais ils sont parfois très têtus et implacables.

Expression cible ou nombre 5

Ces personnes aiment la transformation, aiment être indépendantes et sont toujours à la recherche de nouvelles expériences et de nouveaux défis. Elles tirent le meilleur parti des circonstances et profitent pleinement de la vie. Elles sont parfois imprudentes et commettent des erreurs, mais comme elles sont très habiles, elles surmontent rapidement les difficultés.

Numéro d'expression ou Destination 6

Ce sont des personnes charmantes, gentilles, sympathiques et empathiques. Elles ont parfois tendance à se soucier davantage des autres que d'elles-mêmes. Elles sont honnêtes et respectueuses des lois. Elles sont très justes d'esprit. Elles ont la capacité de guérir et sont créatives.

Expression cible ou nombre 7

Elles sont intelligentes, pleines d'esprit, perspicaces et ont une grande joie de vivre qui les pousse à enquêter sur tous les domaines connus et inconnus. Elles sont discrètes dans leurs pensées et leurs inclinations. Certains sont sceptiques et solitaires.

Expression cible ou nombre 8

Ces personnes ont un potentiel incroyable. Lorsqu'elles se fixent un objectif, elles l'atteignent, car elles sont agressives dans leurs aspirations. L'abondance, le bien-être, le bonheur et la chance sont toujours présents dans leur vie.

Expression cible ou nombre 9

Les personnes ayant ce nombre ont une concentration et une humanité incroyables. Leurs intérêts et leurs perspectives sont toujours orientés vers des changements qui profitent au monde dans son ensemble. Elles n'aiment pas juger car elles croient que chaque âme a en elle une étincelle de bonté et d'amour.

Numéros d'expression ou de destination

Expression cible ou nombre 11

Les personnes ayant ce numéro sont de vieilles âmes qui ont connu de nombreuses incarnations. Elles sont passionnées par tout ce qu'elles font. Elles sont sensibles à leur environnement et doivent donc se protéger de la magie noire ou des énergies négatives.

Expression ou numéro de destination 22

Vos capacités vous rendent digne de confiance. Ce nombre représente les personnes qui réalisent que nous sommes venus sur cette planète pour évoluer. Elles sont facilement frustrées par le manque de valeurs des êtres humains.

Expression cible ou nombre 33

Ce sont des personnes strictes mais affectueuses. Ce sont des leaders de naissance. Elles ont une aura magnétique qui se ressent en leur présence. Elles sont capables d'entreprendre de grands projets, même s'ils sont difficiles. Elles sont toujours prêtes à aider ceux qui sont dans le besoin, à éviter les conflits et à aimer la paix. Elles n'aiment pas côtoyer des personnes agressives car leur personnalité est pacifique. Elles ont la capacité de persuader.

Chiffres de la dette karmique

Les nombres de dettes karmiques contiennent une grande concentration d'événements karmiques passés, dont les résultats se font encore sentir dans ces vies. Il est utile de savoir comment ces personnes sont affectées par ces numéros et comment elles peuvent surmonter ces défis. Ces numéros peuvent endommager les vibrations parce que les débris spirituels et karmiques qu'ils contiennent s'expriment d'une manière unique.

Les numéros de la dette karmique sont 13, 14, 16 et 19, *et chaque fois qu'ils apparaissent dans les résultats avant de simplifier un montant final, il faut faire très attention en raison des effets néfastes qu'ils peuvent avoir.*

Les personnes ayant des numéros de dettes karmiques sont des personnes bénies et choisies, car lorsqu'elles surmontent ces défis, elles évoluent différemment, acquièrent des pouvoirs spirituels et se distinguent ainsi des autres.

Dette karmique numéro 13
Ces personnes ne doivent pas être désabusées, car les frustrations, les déceptions, les ruptures sont à la base de leur apprentissage.

Les personnes ayant une dette karmique numéro 13 sont confrontées à de nombreux obstacles et à d'innombrables échecs en raison de leurs actions égocentriques passées.

Pour réussir, le numéro 13 doit être persévérant, se battre pour ses rêves, être discipliné et ne jamais emprunter des voies contraires à l'éthique.

Dette karmique numéro 14

*Les personnes ayant une **dette karmique numéro** 14 passent la majeure partie de leur vie dans des crises ; ces crises les dépriment, mais elles peuvent les surmonter si elles utilisent leur force mentale.*

Ces personnes attirent de nombreux défis. Elles ont abusé de leur pouvoir et de leur liberté dans d'autres vies, si bien que dans cette vie, elles se retrouvent dans le marécage du sexe, de la drogue et de l'alcool. Elles sont enclines à s'adonner à des addictions et à abuser négativement de leur libre arbitre. S'ils font preuve de contrôle et de discipline, ils peuvent atteindre leurs objectifs. Elles doivent être organisées et engagées pour obtenir ce qu'elles veulent.

Dette karmique numéro 16

Ces personnes poursuivent des objectifs qui ne leur conviennent pas et y consacrent beaucoup de temps.

Lorsqu'elles échouent, elles se sentent malheureuses parce que ces objectifs n'étaient pas une perte de temps et une lutte inutile. Lorsqu'elles échouent, elles se sentent malheureuses parce que ces objectifs n'étaient pas une perte de temps et une lutte inutile. Les personnes ayant la dette karmique numéro 16 jusqu'en bas sont enchaînées aux illusions et aux délires. Elles doivent utiliser ces défis comme des points de métamorphose. Elles doivent calmer leur esprit agité et inquiet, sortir de leur monde d'illusions et essayer d'être humbles.

Dette karmique numéro 19

Ces personnes devront faire face à de multiples séparations. Il peut s'agir de leur cercle d'amis, de leurs proches ou de leurs objectifs. Ces personnes doivent essayer de ne pas s'isoler.

Les personnes ayant la **dette karmique numéro** 19 *sont obligées d'être indépendantes dès l'enfance et cette indépendance leur fait croire qu'il s'agit d'une obligation. A l'âge adulte, elles s'efforcent d'être autonomes et refusent toute aide.*

Le phénomène de la répétition des chiffres.

Il est vrai que nous sommes entourés de chiffres et en contact avec eux à chaque seconde, mais il arrive que nous ayons l'impression que certains chiffres nous suivent, partout où nous regardons, nous les voyons se répéter : sur les montres, les ordinateurs, les plaques d'immatriculation des voitures, à la télévision, sur les tickets de caisse et même dans nos rêves. Il n'y a pas de coïncidence, il y a synchronisation, et ce phénomène s'appelle la synchronisation numérique.

Peut-être était-ce rare dans le passé, mais chaque jour, de plus en plus de personnes sont témoins de ce phénomène et beaucoup remettent en question les modèles établis pour tenter de trouver une réponse valable.

Les experts en la matière affirment que ce mystère, associé à une conscience globale plus élevée, crée des sentiments qui font évoluer spirituellement de nombreuses personnes. Le fait de voir des chiffres de manière répétée peut également être considéré comme un signe. Nous avons presque tous des nombres que nous considérons comme chanceux ou favoris et il peut arriver que nous voyions soudainement ce nombre partout. Lorsque nous recevons ce genre de message, le plus souvent caché à nos yeux mais pas à notre esprit, cela montre que nous avons la capacité de percevoir d'autres réalités.

De l'Antiquité à nos jours, la science sacrée de la numérologie a conservé son importance. Les nombres enseignent des opportunités de croissance, des leçons de vie et des instructions dans chaque expérience.

Certaines personnes voient des séquences numériques dans certains événements importants, mais les plus courants sont 11 :11, 222 et 333. Tous ces nombres, selon l'astrologie et la numérologie, sont des nombres maîtres ayant une signification unique, représentant différents aspects du moi intérieur, de la personnalité à la spiritualité ; ces nombres sont plus influents que d'autres et attirent donc notre attention.

11 :11 - Observez attentivement vos pensées et veillez à ne penser qu'à ce que vous voulez et non à ce que vous ne voulez pas. Cette séquence indique qu'une opportunité se présente et que vos pensées se matérialisent très rapidement.

222 - Nos idées nouvellement plantées commencent à porter leurs fruits. Continuez à les cultiver et elles se manifesteront bientôt. En d'autres termes, n'abandonnez pas cinq minutes avant que le miracle ne se produise.

333 - Les maîtres ascensionnés sont proches de toi et ils veulent que tu saches que tu as leur aide, leur amour et leur compagnie. Invoquez souvent les maîtres ascensionnés, surtout lorsque vous voyez des schémas se former autour de vous avec le chiffre 3.

Ces figures augmentent la conscience et la perception parce qu'elles offrent un canal vers le subconscient.

Ce phénomène se produit de manière inattendue, mais au bon moment et pour une raison précise, changeant parfois le cours de notre vie et influençant nos pensées. Lorsque l'univers a un message à nous transmettre, c'est l'une des façons d'attirer notre attention. Nous devons rester réceptifs au monde qui nous entoure, car les nombres sont le langage de la nature et tout ce qui nous entoure peut-être représenté par des nombres.

"Tout dans l'univers est mathématiquement précis et chaque nombre a sa propre énergie, sa propre vibration et sa propre signification. La disposition des nombres dans une séquence a une signification particulière". Pythagore

Numérologie pour les personnes nées en 2024

Enfant numéro 1

Vous serez un enfant doté de compétences en matière de leadership. Vous aurez une capacité innée à négocier, à contrôler et à gérer des personnes et des projets.

Enfants numéro 2

Ce sont des enfants calculateurs et puissants. Ils auront une attitude positive face aux défis de la vie et une grande confiance en eux.

Enfants numéro 3

Ils seront des enfants très justes, raisonnables et calmes.
Ces enfants défendent toujours les bonnes causes. Ils sont très perspicaces et ont un état de conscience élevé.

Enfants numéro 4

Ils seront des enfants toujours à la recherche de défis, ils ne craindront pas les obstacles, car ces revers les rendront plus forts.

Enfants numéro 5

Ce seront des enfants financièrement capables, mais pas matérialistes. Ils auront d'excellentes compétences en matière d'argent et de gestion d'entreprise. Ils peuvent avoir des compétences en mathématiques.

Enfants numéro 6

Ce sont des enfants qui s'efforcent de maintenir un équilibre entre le monde matériel et le monde spirituel. Ils essaieront toujours de maintenir l'harmonie entre leur vie professionnelle, sociale et personnelle.

Enfants numéro 7

Ils seront des enfants responsables et généreux. Ils sont intelligents et aiment aider les autres. Ils seront également très spirituels.

Enfant numéro 8

Ces enfants seront très stables et maîtres d'eux-mêmes. Ils seront organisés, stables et très prospères.

Enfants numéro 9

Ce seront des enfants au caractère bien trempé. Ils sont travailleurs et assidus. Elles sont indépendantes et font preuve d'une incroyable force de détermination.

Définition de l'année personnelle

Chaque fois qu'une nouvelle année commence, il est probable que vous vous posiez des questions et que vous écriviez des objectifs sans savoir quels défis la nouvelle année vous réserve.

Lorsqu'une année commence, un chapitre de notre vie se ferme, mais un cycle commence qui nous met au défi, car nous ne sommes pas sûrs que tous nos rêves se réaliseront.

Qu'est-ce qui m'attend dans la nouvelle année : vais-je acheter une maison, trouver un nouveau partenaire, changer de travail ? Est-ce la bonne année pour avoir des enfants ?

Il est important d'avoir l'esprit ouvert lorsque nous ne sommes pas sûrs de ce qui est nouveau ou différent. Mais avec la numérologie, nous avons la possibilité d'utiliser notre année personnelle et de nous faire une idée de la façon dont les choses pourraient se dérouler.

Les numéros d'année universels sont différents des autres car ils ne dépendent pas du nom et de la date de naissance. Les deux premiers chiffres du numéro de l'année représentent l'équilibre du siècle. Le troisième chiffre du numéro de l'année symbolise le rythme de la décennie. Le quatrième chiffre n'a pas de signification particulière.

Comment calculer votre année personnelle.

En voici un exemple :

Juan Carlos est né le 7 décembre 1965.

Pour connaître votre année personnelle 2024, nous avons fait ce calcul :

7 (jour de naissance) + 1+2 (mois de naissance) + 2 + 0 + 2 + 4 (début de l'année) = 18 (1 + 8) = 9

Pour Juan Carlos, 2024 est une année 9 personnelle.

Ce nombre est important, surtout si le résultat est l'un des nombres maîtres : 11, 22 et 33.

L'année personnelle décrit ce que vous avez à faire pendant cette période. Il s'agira de choix, de changements ou de renforcements qui enrichiront votre parcours.

Année personnelle 1

***Mots clés pour l'année 1** : Transformation, Recherche, Implication.*

Un nouveau chapitre de votre vie s'ouvre. Il est probable que vous changiez de domicile, que vous trouviez un nouvel emploi ou que vous rencontriez de nouvelles personnes qui changeront votre vie pour toujours.

Cette année jettera les bases de nouveaux projets et de nouvelles idées. C'est une période de renaissance. Vous devriez voir cette année comme le moment idéal pour changer plusieurs aspects de votre vie, il y a des choses qui ne vous conviennent plus et dont vous devez vous débarrasser.

Cette année vous invite à prendre courage et à essayer de réaliser vos rêves ; vous aurez vraiment l'enthousiasme de faire des changements. Prenez courage et explorez de nouvelles opportunités et attitudes qui vous aideront à changer l'orientation de votre vie.

Cette année 2024 est une invitation personnelle à faire confiance, à réfléchir à ce que vous voulez, à choisir objectivement et à décider ce que vous voulez réussir. Essayez de choisir ce qui vous rend vraiment heureux.

Commencez à dresser la liste des choses que vous voulez changer, y compris les améliorations dans votre vie quotidienne, comme changer vos habitudes alimentaires ou faire de l'exercice. N'oubliez pas que pour commencer quelque chose, il faut le planifier avec persévérance et détermination.

Cette année est l'occasion idéale de clore un cycle ; vous devez laisser derrière vous tout ce qui ne vous sert pas. Concentrez-vous sur ce qui vous aidera à grandir, à vous développer ou à apprendre. Ne craignez pas de laisser tomber ce qui vous a été utile dans le passé.

Il faut oublier le passé et se tourner vers l'avenir. Trop de choses se sont produites qui ont pu embrouiller votre esprit ; ces choses vous empêchent d'accéder aux chemins qui mènent au bonheur.

Si vous avez des entreprises et des projets, essayez de les développer sans forcer les choses. Essayez de donner un rythme à tout.

Essayez de ne pas contracter de nouvelles dettes.

La vie vous récompensera.

Année personnelle 2

Mots clés pour l'année 2 : responsabilité, harmonie, stabilité.

Cette année, vous devriez continuer à construire. L'année 2024 vous permettra de trouver des mentors, des enseignants ou même un partenaire. Les énergies de l'année sont axées sur la coopération et la patience.

Vous entrez dans une phase de développement et devez concrétiser vos initiatives. Cette année 2 peut sembler lente, mais c'est une période de définition de vos objectifs.

Il est probable que vous rencontriez des obstacles ou des personnes qui tentent de restreindre votre chemin ; il est donc important de ne pas vous laisser submerger et de ne pas vous angoisser. Vous ne devez pas vous préoccuper de ce qui entrave vos efforts, c'est une évolution naturelle qui fait partie de votre processus de croissance.

Vous devez apprendre à faire preuve de plus de diplomatie et de tact. Les gens peuvent sembler distraits, mais cela ne doit pas vous empêcher de vous faire de nouveaux amis.

Si, lorsque vous avez fait le calcul, la somme était de 11, cela signifie qu'il est temps de respirer, d'évoluer et de prendre conscience.

L'année des bénédictions est à nos portes. Essayez de vous débarrasser de toutes les personnes toxiques si vous voulez avoir une année prospère, ne faites confiance à personne.

L'année 2024 vous offre l'opportunité de vous défaire des soucis du passé et de prendre les rênes de votre vie avec plus d'enthousiasme.

La vie vous présentera de tout nouveaux projets et vous donnera l'occasion de construire votre avenir si vous laissez le passé derrière vous. C'est l'année où il faut penser à soi, dépasser les limites et ne pas s'auto-saboter.

Il faut être courageux et aborder la vie de manière positive.

Année personnelle 3

Mots clés pour l'année 3 *: Agilité, Créativité, Information.*

C'est l'année où vous chercherez à partager votre sagesse avec le monde. Vous aurez le sentiment de faire partie d'un ensemble plus vaste et vous éprouverez beaucoup de satisfaction et d'épanouissement.

Vous devez vous débarrasser des sentiments de restriction que vous avez accumulés. La seule façon d'obtenir des résultats cette année est de laisser votre créativité s'exprimer. Libérez-vous de la rigidité, laissez libre cours à votre imagination. Vous avez besoin d'aller plus loin.

Trouvez un nouveau passe-temps, changez vos habitudes,
Commencer à mettre en œuvre de nouvelles idées et solutions pour relever les défis rencontrés en cours de route.

Vous devrez travailler dur, mais vous aurez l'occasion de renforcer vos liens individuels et d'établir des relations plus formelles. Ces liens seront mis à l'épreuve : certaines relations ne vous conviennent pas. Elles peuvent vous apporter beaucoup de plaisir, mais elles ont un côté sombre. Essayez d'établir des objectifs communs avec les personnes que vous aimez.

Au cours de cette année, vous devrez accorder plus d'attention à votre alimentation et à votre repos, car vos niveaux d'énergie seront faibles.

Année personnelle 4
Mots clés pour l'année 4 : *renouvellement,
restauration, innovation, affirmation de soi.*

*Cette année, vous devez travailler dur et être organisé.
Si vous parvenez à rester dans le présent, vous
arriverez à vos fins.*
*Le moment est venu de réfléchir et d'analyser vos
objectifs personnels. Vous devez établir un plan pour
atteindre quelque chose de spécifique et de bien
structuré.*
*Essayez de penser à votre avenir, de prendre des
responsabilités et d'organiser soigneusement tous vos
projets. Vous serez peut-être un peu autocritique, ce
qui vous amènera à affermir vos points de vue et à
devenir plus déterminé et plus résolu. C'est une bonne
chose, car cela vous permet de prendre conscience de
tous les changements qui interviennent dans votre
environnement.*
*Cela aura inévitablement un effet positif sur les
relations familiales et les amitiés proches. Vous vous
affirmerez davantage, ce qui aura un impact positif
sur vos relations personnelles.*
*Si vous vous organisez, ce sera une année de
prospérité, d'abondance et de triomphes. Ayez
confiance en vous, car vous pourrez retrouver votre
enthousiasme et vivre avec enthousiasme.*

*L'inertie est votre pire ennemi cette année, tout comme
les pensées négatives. Le destin vous offre la*

possibilité de réaliser tout ce que vous désirez, alors osez-vous battre pour ces rêves.

Année personnelle 5

Mots clés pour la cinquième classe *: Caractère, Volonté, Effort, Courage, Reconnaissance, Visualisation.*

Une année au cours de laquelle vous vivrez de nombreuses aventures, émotions et où vous aurez l'occasion de planter des graines dans l'intention de réussir.

La cinquième année est comme une injection d'enthousiasme pour vous ; par conséquent, planifiez à l'avance car c'est une année de nombreux changements. Vous devez être prêt à faire face à certains événements imprévus. Essayez d'être réceptif à toutes les opportunités et à tous les défis.

Il faut être lucide, prudent et ne jamais sous-estimer son potentiel.

Essayez d'élargir votre cercle d'amis, de soigner votre image publique et de faire attention aux contrats que vous devez signer.

Prenez soin de vous et vous obtiendrez le succès que vous méritez. Prenez les habitudes qui vous garantiront la prospérité dans les années à venir. Calculez vos risques et saisissez les occasions idéales lorsqu'elles se présentent.

Ne vous précipitez pas et agissez raisonnablement, en pensant toujours à ce qui est le mieux pour vous à long terme. Oubliez les résultats immédiats et acceptez que les choses prennent du temps et que vous ne pouvez pas toujours vous attendre à ce qu'elles se produisent quand vous le souhaitez.

Personnel de l'année 6

Mots clés pour l'année 6 : *réorganiser, relancer, réformer, remplacer, manifester, diffuser, transmettre, informer, participer.*

L'année 2024 vous offre la possibilité de guérir vos blessures sentimentales et de vous débarrasser de toutes les émotions refoulées qui dorment dans votre subconscient.

Vous serez très concentré sur le foyer et la famille. C'est le moment idéal pour créer un environnement plus stable et plus harmonieux autour de vous.

Il est essentiel que vous appreniez cette année à partager tout ce que vous avez reçu en abondance. Vous devez également éviter les actions impulsives afin de ne pas commettre d'erreurs.

Agissez toujours de manière éthique, essayez de rester calme et confiant dans vos décisions. Vous obtiendrez des résultats incroyables et tout cela grâce à votre courage. Tout ce qui était paralysé se mettra soudain à couler et vous vous sentirez libéré. Il peut y avoir des périodes d'instabilité, mais elles sont nécessaires pour briser la routine.

Vous aurez l'occasion de voyager, de vous amuser et de contrôler les excès de toute nature.

Année personnelle 7

Mots clés pour l'année 7 *: Investigation, Observation, Vérification, Contrôle, Transformations, Métamorphose.*

Cette année apportera de nombreux changements. Ces changements peuvent concerner les amitiés, les relations, le travail et la maison.
Il y a la possibilité de rencontrer quelqu'un d'important qui vous aidera à progresser dans votre profession ou peut-être à vous fiancer.

Il s'agit d'une année "entre parenthèses", puisqu'il y aura une pause pour
Valoriser tout ce que vous avez fait. Vous devez vous débarrasser de tout ce qui ne fonctionne pas, qu'il s'agisse d'objets ou de relations.
Pour ce faire, vous devez aiguiser vos capacités d'analyse et ne pas craindre d'analyser en profondeur ce qui vous limite.

Grâce à ces processus de purification, vos relations seront discutées. La confrontation permet d'éliminer les erreurs et les fautes.

Vous serez attiré par des thèmes ésotériques, mais vous grandirez spirituellement. N'oubliez pas que chacun entre dans cette vie avec un contrat différent du vôtre et que vous ne devez pas juger le chemin des autres. Chacun est là où il doit être.

Année personnelle 8

__Mots clés pour l'année 8 :__ succès, évolution, restauration, transformation, réhabilitation, reconstruction, prospérité.

L'abondance et le succès viendront à vous. Vous vous sentirez béni par toutes les opportunités qui se présenteront à vous. Cette année personnelle est liée au karma, donc si vous avez bien travaillé, des dividendes vous attendent. Ce sera une année importante au cours de laquelle vous serez très occupé.

Cette année, vous devez remettre chaque pièce à sa place. Il est temps de prendre des décisions, de réfléchir et de choisir ce que vous voulez et qui vous voulez dans votre vie.

Vous aurez davantage confiance en vous et disposerez d'une plus grande capacité mentale pour relever les défis. Vous devriez prendre des risques et entreprendre des études qui vous aideront à progresser dans votre profession.
Vous devriez profiter de moments de solitude, accompagné de vos pensées, loin de l'agitation des médias sociaux. Pratiquez la méditation combinée à des techniques de respiration.
N'accordez pas trop d'importance aux questions superflues et aux personnes toxiques.

Année personnelle 9

Mots clés pour l'année 9 : *Surmonter, Terminer, Conclure, Réaliser, Sentir, Percevoir, Éduquer, Former, Étudier, Expérimenter, Approfondir.*

Cette année, il sera difficile de résister au changement. C'est une année de fin. Jetez ce qui est inutile et tenez-vous à l'écart des vampires énergétiques.

Entourez-vous de personnes qui vous apportent connaissances et bonne énergie. Protégez-vous de la magie noire. Organisez votre maison, jetez ce que vous n'utilisez pas, les objets abîmés, car cela fera de la place pour le nouveau.

Le destin vous crie à l'oreille ce que vous voulez vraiment et si vous êtes prêt à vous battre pour l'obtenir.

L'engagement de cette année est le vôtre, vous devez Laissez tomber vos peurs et vos insécurités, car pendant cette période, vous devez être vigilant et ne pas trop vous plaindre.

Le nombre de votre âme. Comment le calculer

Le nombre d'âme exprime vos désirs, vos satisfactions, vos loisirs, vos soucis et vos inconforts.

L'âme est la partie spirituelle de chacun d'entre nous. Avec l'esprit et le corps, l'âme constitue l'être humain. En numérologie, l'âme est liée à un nombre appelé nombre de l'âme.

Ce nombre est dérivé des voyelles du nom de naissance et représente-le-moi intérieur.

Pour calculer votre nombre d'âmes, vous devez identifier les voyelles de votre nom complet. N'oubliez pas d'inclure les seconds prénoms.

Vous devez utiliser les voyelles **A, E, I, O, U**. S'il y a un Y dans votre nom, comme le Y agit comme une voyelle, vous devez l'utiliser. Les noms Daryl, Dylan, Henry **et** Taylor en sont des exemples.

La valeur numérique de chaque voyelle est la suivante :

A = 1
E = 5
I= 9
O = 6
U = 3
Y = 7

Une fois que vous avez trouvé le nombre de chaque voyelle de votre nom complet, l'étape suivante consiste à les additionner et à les réduire à un seul chiffre, à l'exception des nombres 11 et 22, qui sont des nombres maîtres.

Signification du nombre d'âmes

Numéro 1 :

Les âmes indépendantes qui prennent soin d'elles-mêmes ont une vision claire de leurs propres objectifs et buts dans la vie.

Numéro 2 :

Aimantes, artistiques, calmes, paisibles et polies, ce sont les âmes numéro 2. Elles ont aussi beaucoup d'imagination et de créativité.

Numéro 3 :

Elles sont fortes, déterminées, courageuses, compatissantes, enthousiastes et très optimistes. Elles pensent constamment à l'avenir.

Numéro 4 :

Elles sont obsédées par l'ordre, la stabilité et le contrôle. Elles se sentent souvent frustrées lorsque les choses ne se déroulent pas comme prévu.

Numéro 5 :

Ce sont des âmes libres et voyageuses qui aiment rencontrer de nouvelles personnes. Les défis les passionnent et ils sont considérés comme des meneurs d'âmes.

Numéro 6 :

L'amour est leur âme la plus puissante, elles ont donc tendance à privilégier les intérêts des autres par rapport aux leurs. Elles sont très équilibrées et pleines d'harmonie.

Numéro 7 :

Ils vivent dans une analyse mentale constante de ce qu'ils attendent du monde et de la vie en général. Ce sont des artistes très talentueux mais pas du tout ambitieux.

Numéro 8 :

Ce sont des âmes ou des personnages importants de la société, qui aspirent à la richesse, au pouvoir et à un statut élevé. Leur ambition fait d'eux les meilleurs dans ce qu'ils font.

Numéro 9 : Vous êtes l'âme la plus altruiste et la plus rêveuse. Vous êtes charismatique, attentionné et vous rendez le monde meilleur.

Numéro 11 :

Elles sont créatives, artistiques et charismatiques. Elles ont un côté psychique car elles font partie des âmes les plus sensibles.

Numéro 22 :

C'est une âme étroitement liée au 4 (2+2=4), mais qui y ajoute les caractéristiques d'honnêteté, de gentillesse et d'attention aux détails.

Comment calculer votre numéro de maison personnel

Votre numéro de maison vous offre les secrets pour capitaliser sur vos vibrations énergétiques. La maison est notre refuge, là où vivent nos rêves, notre famille et nos idées. Toutes ces choses sont nos trésors, c'est pourquoi nous devons prendre soin du flux d'énergie qui nous entoure, en particulier à l'intérieur de notre maison.

Les décorations et les couleurs avec lesquelles nous peignons notre maison influencent l'harmonie, mais ce ne sont pas les seuls éléments à prendre en compte. L'adresse de la maison fournit des informations prédictives selon la numérologie.

Marche à suivre pour calculer votre numéro de maison personnel

Pour connaître votre numéro personnel, vous devez additionner tous les numéros qui composent votre adresse jusqu'à ce que vous obteniez un seul chiffre.

Exemple : si vous habitez à 2550, vous devez ajouter
2+5+5+0= 12
1+2= 3

Si votre adresse contient des lettres, vous devez consulter la table alphabétique et transformer les lettres en chiffres.

1 (A, J, S)
2 (B, K, T)
3 (C, L, U)
4 (B, D, M, F)
5 (E, N, W)
6 (F, O, X)
7 (G, P, Y)
8 (H, Q, Z)
9 (I, R)

Si vous habitiez dans un immeuble portant le numéro 2550, dans l'appartement 8F, vous deviez additionner tous les chiffres et toutes les lettres.

*Exemple : **2+5+0+8+6 (6 est la lettre F) = 26***
2+6=8.

Le chiffre 8 sera le chiffre correspondant à cette maison.
N'oubliez pas que si l'adresse contient des lettres, il s'agira d'un autre nombre, car vous devrez ajouter ces valeurs numériques à la précédente.

Signification du numéro de maison

Numéro 1

Il faut faire très attention au type d'énergies qui entrent dans votre maison car les personnes qui vous rendent visite laissent des énergies négatives à l'intérieur. Il faut faire attention aux voisins car ils sont très jaloux, ils sont curieux de savoir qui entre et qui sort de votre maison et ces regards méchants créent un déséquilibre énergétique.

Numéro 2

Cela indique que le bonheur de votre maison ne réside pas dans son luxe, mais dans l'harmonie qu'elle parvient à maintenir en son sein. Cette maison vous fera oublier le chaos qui règne dans le monde. La façon dont vous communiquez, les mots que vous prononcez sont importants car les maisons sont des réservoirs d'énergie. Tout est gravé sur les murs. À l'intérieur, les accidents sont possibles.

Numéro 3

*Ce numéro de maison indique l'enthousiasme, l'optimisme et le bonheur. Dans ces maisons, l'énergie est en mouvement constant. Dans cette maison, vous pourrez atteindre vos objectifs et réussir. **Le chiffre 3*** *attire la chance, c'est pourquoi les habitants de cette maison entreprennent toujours de nouveaux projets.*

Numéro 4

Si votre maison porte ce numéro, vous n'y vivrez pas longtemps, alors disons qu'il s'agit d'une maison de transit. C'est une maison pour les nouveaux départs, où vous pouvez créer votre famille, mais avec la garantie que vous la quitterez lorsqu'elle aura grandi. Si vous restez ici longtemps, des divergences, des désaccords, des contradictions, des antagonismes, des hostilités et des incohérences surgiront continuellement.

Numéro 5

Il y aura toujours des fêtes ou des réunions de famille dans cette maison. Vous n'aurez peut-être pas besoin de faire beaucoup de travaux structurels, mais il y aura toujours beaucoup de tension à l'intérieur à cause de tous les visiteurs. Il n'y aura jamais deux jours identiques dans cette maison. Ses propriétaires seront très différents, mais si vous l'aimez et que vous ne voulez pas déménager, vous devrez la nettoyer constamment et énergiquement.

Numéro 6

Cette maison a toujours de bonnes vibrations, elle doit donc rester lumineuse. C'est la maison idéale pour les jeunes mariés qui commencent un projet de vie. La famille y trouvera les conditions nécessaires pour vivre en paix. Elle rendra également les personnes qui y vivent compatissantes.

Numéro 7

C'est la maison idéale pour les artistes, car elle présente des conditions favorables à la créativité et à la réflexion. Ses habitants seront très spirituels. Elle est parfaite pour les écrivains et les étudiants. Il est conseillé de vérifier périodiquement que la maison ne présente pas de fuites d'énergie ou de concentration de mauvaises vibrations.

Numéro 8

*Ce nombre est lié à la richesse, mais ce n'est pas le bon endroit pour former et entretenir une famille ou pour vivre heureux avec son partenaire. **Dans cette maison, tout le monde sera constamment préoccupé par l'argent et les choses** matérielles. Cela peut créer des tensions au sein du foyer. Pour un lieu de travail, elle est parfaite.*

Numéro 9

Dans cette maison, les gens peuvent devenir un peu ternes et vagues, bien qu'il y ait de l'équilibre, de la justice, de l'égalité et de l'empathie dans cette maison. C'est une maison idéale pour un travailleur social ou un avocat. Elle possède des énergies curatives.

Numérologie et soins de santé

Le numéro personnel révèle les faiblesses en matière de santé et la manière de les renforcer.

La somme de la date de naissance et de sa réduction à un seul chiffre donne le numéro personnel. Pour savoir comment le calculer, reportez-vous aux pages précédentes.

Ce nombre vous révèle diverses particularités, telles que votre mission dans la vie, votre caractère et même vos points faibles, ainsi que la manière de les renforcer. Les nombres ont des vibrations énergétiques liées aux personnes et influencent leur vie.

Lorsque vous calculez votre nombre, recherchez vos points faibles et la manière de les renforcer.

Numéro 1

Ces personnes peuvent être des bourreaux de travail et sont donc souvent fatiguées en permanence. La fatigue se manifeste au niveau des épaules, des genoux, du dos et de l'hypertension artérielle. Ces personnes doivent faire de l'exercice quotidiennement et éviter les situations stressantes.

Numéro 2

Ces personnes sont sujettes aux douleurs articulaires, aux migraines et aux problèmes digestifs. Ces affections sont le résultat d'émotions refoulées. Il leur est conseillé d'exprimer ce qu'elles pensent et de ne pas être rancunières.

Numéro 3

Ces personnes vivent leurs émotions à l'extrême et souffrent de surpoids, de problèmes de gorge et d'intestin. L'exercice physique est le remède idéal pour évacuer tout le stress.

Numéro 4

Elles souffrent souvent de névralgies, d'arthrite et de dépression. Il est important de maintenir une alimentation saine et de privilégier le repos.

Numéro 5

Ces personnes sont sujettes aux addictions. Elles peuvent avoir des problèmes de glandes surrénales et d'arthrose. La solution consiste à faire de l'exercice, à s'hydrater correctement et à adopter un régime alimentaire sain.

Numéro 6

Ces personnes veulent tout contrôler et souffrent donc presque toujours de maux de tête. Elles peuvent également souffrir de problèmes liés à l'appareil reproducteur. La consommation excessive de sucreries et de produits laitiers doit être évitée. Le stress aggrave la situation.

Numéro 7

Elles souffrent d'insomnie, de maux de tête et sont sujettes à la dépression. Ils doivent éviter de consommer des aliments transformés et trop d'hydrates de carbone. Il est recommandé de faire des promenades à l'air frais.

Numéro 8

Ces personnes s'inquiètent excessivement des questions matérielles et économiques. De ce fait, elles sont sujettes aux problèmes cardiaques, à l'hypertension et aux crises de panique. La solution consiste à profiter un peu plus de la vie. Il n'y a jamais eu de millionnaire heureux dans un hôpital. Ils doivent rire, avoir des animaux de compagnie et partager avec leurs amis et leur famille.

Numéro 9

Ces personnes souffrent de douleurs cervicales, de problèmes cardiovasculaires, d'anémie et d'un système immunitaire affaibli. Le yoga, les exercices de respiration et la méditation sont les meilleurs remèdes.

Numérologie et profession

Parfois, nous avons un travail que nous faisons parce que nous n'avons pas d'autre choix. Cependant, même si vous n'y croyez pas, il existe un travail qui vous motiverait à vouloir le faire constamment et avec une grande satisfaction.

Grâce à la numérologie, avec votre nombre personnel (rappelez-vous que dans les pages précédentes vous avez appris à le calculer), vous pouvez trouver des professions qui correspondent à votre nombre et trouver un travail agréable et favorable.

Professions en faveur du numéro 1

Ce sont des personnes affirmées et toujours motivées, car elles disposent d'une source d'énergie inépuisable. Elles sont parfaites pour les professions qui requièrent des compétences en leadership, comme la gestion d'entrepreneurs, les capitaines de navire, les juges, les procureurs, les artistes indépendants, les politiciens. La chose la plus importante est que ces personnes ne peuvent pas avoir de patron, elles doivent avoir le contrôle.

Professions en faveur du numéro 2

Ces personnes sont fortes d'esprit, mais ce sont des diplomates et des médiateurs. Elles ont également la capacité de donner des conférences et d'enseigner. Leurs meilleures professions sont l'enseignement, la consultation dans les écoles, tous les domaines de la médecine, la vente de biens immobiliers, les stylistes, les consultants politiques et les serveurs.

Professions en faveur du numéro 3

Ces personnes sont très polyvalentes, elles ont beaucoup d'enthousiasme lorsqu'il s'agit de communication et les métiers qui leur conviennent sont les arts, l'écriture, le journalisme, en tant qu'animateurs ou même journalistes, le marketing, les métiers des relations publiques, la thérapie de groupe et les pharmaciens.

Professions favorables aux chiffres 4

Ce sont des personnes terre-à-terre et travailleuses qui réussissent bien dans les professions qui exigent une grande concentration. Elles réussissent très bien dans les professions administratives, la banque, les

consultants financiers, le courtage, l'ingénierie,
l'architecture et les guides touristiques. Ils peuvent
être de bons avocats et de bons sportifs.

Professions favorables aux chiffres 5

Ces personnes aiment la nature et sont également
douées pour les professions à risque. Les relations
publiques, la vente et l'entretien d'antiquités sont des
professions qui leur conviennent. Comme elles sont
enclines à prendre des risques, on les retrouve souvent
dans les forces armées.

Professions en faveur du numéro 6

Il s'agit notamment des domaines suivants
L'enseignement et la médecine La construction et
l'ingénierie ; la charpenterie et la mécanique ; et de
nombreux métiers de la terre. On peut y rencontrer
des gens comme Albert Einstein, le scientifique que
l'on ne présente plus.

Professions en faveur du numéro 7

Ces personnes sont aptes à exercer des professions qui
requièrent un haut niveau d'intelligence. Il s'agit de

professions telles que les mathématiques, la physique et la chimie. Ce sont de bons stratèges dans l'armée, les entreprises, le théâtre et le cinéma.

Professions en faveur du numéro 8

Ces personnes ont une grande capacité de concentration, sont ambitieuses et courageuses. Les professions les plus favorables sont celles de policier, de conducteur de voiture, de chirurgien, de représentant pharmaceutique et de comptable.

Professions en faveur du numéro 9

Ces personnes préfèrent les professions qui exigent de la diplomatie et de l'équité. Elles seraient très efficaces en tant que conseillers scolaires, conseillers, politiciens, pédiatres.

Professions en faveur de 11

Les personnes ayant ce chiffre sont compliquées et difficiles à comprendre. Elles ont un fort désir de travailler, mais ne sont pas très tenaces. Les professions qui leur conviennent sont celles qui exigent beaucoup de connaissances, mais pas nécessairement une pensée logique et abstraite. Ces professions peuvent être : conférencier, écrivain sur

*des sujets philosophiques, activiste et consultant
politique, technologie, astrologie et sciences
psychiques.*

Professions en faveur de 22

*Ces personnes sont immuables et vastes dans leur
façon de penser. Elles ont la capacité de rassembler
les gens et de travailler ensemble pour le bien de
l'humanité. Elles conviennent aux planificateurs, aux
organisateurs, aux diplomates, aux ambassadeurs et
aux présidents.*

Numéro d'anniversaire. Signification

Ceux qui ont des connaissances ésotériques savent que notre âme choisit le jour où nous naissons dans ce monde et que nous arrivons avec des objectifs à atteindre.

Votre numéro d'anniversaire correspond au jour de votre naissance et a un impact très fort sur votre vie. Le numéro d'anniversaire identifie des caractéristiques spécifiques qui vous aideront à avancer dans la vie.

En connaissant votre numéro d'anniversaire et sa signification, vous pouvez réduire ou éliminer les caractéristiques négatives et affiner les caractéristiques positives.

Comment calculer le chiffre de votre anniversaire

Il s'agit d'un calcul simple. Vous notez le numéro de votre date de naissance et, si nécessaire, vous le réduisez à un seul chiffre. Si vous êtes né entre le 1er et le 9 du mois, vous n'avez pas besoin de réduire les chiffres. Si, cependant, votre date de naissance est postérieure au 10 du mois, vous devez réduire le nombre à un seul chiffre.

Exemple :

Si vous êtes né le 18 du mois, ce sera 1 + 8 = 9.

Nombre d'anniversaires 1

Si vous êtes né le 1er, le 10, le 19 ou le 28 d'un mois, votre numéro d'anniversaire est le 1.

Cela signifie que vous avez des compétences en matière de leadership et que vous êtes très indépendant. Vous êtes créatif et avez beaucoup d'enthousiasme.

***Si vous êtes né(e) le 1er du mois**, vous êtes fascinant(e) et vous avez des méthodes créatives pour atteindre vos objectifs. Presque tous les innovateurs et pionniers de l'histoire ont le 1 comme numéro de naissance.*

Il a la capacité de gagner de l'argent facilement et est de nature dynamique. Il semble parfois distant et donne l'impression d'ignorer les autres ou d'être brusque.

En tant que leader naturel, il se repose rarement, son énergie est nerveuse. Personnellement, il est fort en matière de relations. Il est honnête, a une grande volonté et réfléchit rapidement.

Si vous êtes né le 10 de ce mois, vous êtes intuitif et vous réussissez mieux lorsque vous écoutez vos intuitions. Vous êtes dynamique, idéaliste et capable d'inspirer les autres.

Il a une capacité unique à se réinventer lorsque c'est nécessaire et, grâce à sa créativité, il peut réussir dans n'importe quelle activité.

Il n'aime pas prêter attention aux détails et préfère travailler seul. Dans sa vie privée, il fréquente de nombreuses personnes, mais n'en considère que peu comme des amis.

Si vous êtes né le 19 de ce mois, vous êtes compétitif, volontaire et vous aimez le succès. Vous avez une incroyable capacité à créer et à lancer de nouvelles activités et vous aimez prendre des risques.

Être un leader est tout à fait naturel pour vous, mais vous travaillez mieux lorsque vous êtes seul. Parfois, vous vous sentez seul, même lorsque vous êtes avec un groupe de personnes, et vous avez du mal à réfléchir aux autres.

Sa personnalité est magnétique et il préfère surmonter les difficultés de manière pacifique. Il se met rarement en colère, mais lorsqu'il le fait, il explose, bien qu'il ne soit jamais rancunier.

Si vous êtes né le 28 de ce mois, *vous avez une personnalité forte et intelligente et vous aimez vous démarquer. Vous êtes rebelle et n'aimez pas suivre les règles car vous êtes assez indépendant. Vous êtes très pratique mais analytique et vous comprenez les concepts de base de l'humanité.*

Il a la capacité d'appliquer la logique pour obtenir les résultats dont il a besoin. Il est perfectionniste, mais comme il est innovant, il n'échoue jamais.

Nombre d'anniversaires 2

Si vous êtes né le 2, 11, 24 ou 29 du mois, votre numéro d'anniversaire est le 2.

Ces personnes apprécient l'harmonie et le travail d'équipe, mais elles sont sensibles. Elles sont très coopératives et apprécient les bonnes choses de la vie.

Si vous êtes né le 2 du mois, *vous jouez souvent des tours à la vie et accomplissez diverses tâches avec aisance. Après tout, vous voulez être en paix ; l'équilibre de votre vie est l'un de vos objectifs.*

Il est diplomate, a un côté ambitieux et aime travailler en équipe. Sur le plan émotionnel, il prend les choses trop au sérieux et se sous-estime parfois.

Les personnes proches sont importantes dans votre vie, car pour atteindre le bonheur, vous avez besoin de votre famille et de vos amis autour de vous ; essayez donc de bien choisir vos relations.

Votre maison est très importante pour vous, vous en prenez soin et vous aimez y passer du temps.

Si vous êtes né le 11 du mois, vous êtes *intuitif et aimez travailler dur pour concrétiser vos idées. Vous avez tendance à être anxieux, c'est pourquoi un mode de vie équilibré est conseillé.*

Il est important de se reposer suffisamment, car les niveaux d'énergie peuvent s'épuiser. Vous aimez être en contact avec la nature et vous entourer d'animaux.

Sur le plan émotionnel, vous avez tendance à vous accrocher aux douleurs et aux déceptions du passé. Vous devez vous débarrasser du passé, vous devez travailler sur votre niveau de confiance pour développer votre confiance en vous.

Si vous êtes né le 20 de ce *mois, vous avez du tact et de la diplomatie. Vous essayez de vous adapter à la vie et de vous intégrer dans n'importe quel groupe grâce à votre empathie et à votre capacité à vous sentir à l'aise où que vous soyez.*

Vous êtes plus heureux lorsque vous êtes avec des personnes qui vous ressemblent, vous êtes émotif et sensible, et vous dépassez parfois les bornes avec les gens qui vous entourent.

D'autres personnes profitent de votre désir d'aider, il est donc important que vous passiez du temps seul pour jouir de la paix.

Si vous êtes né le 29 de *ce mois, vous êtes très sensible, mais vous aimez passer du temps avec les autres. Vous avez un caractère très fort, mais vous inspirez facilement les autres.*

Vous avez des qualités naturelles de leader. Si vous voulez réussir dans votre profession, vous devriez choisir une profession qui utilise vos talents. Vous avez une tendance à la timidité, mais vous êtes capable de la surmonter, même si vous êtes sous les feux de la rampe, car votre personnalité est très forte.

Vous aimez l'argent et le pouvoir, mais vous êtes très généreux avec les autres. Il est très important pour vous de rester dans le droit chemin plutôt que d'opter pour la facilité. Vous avez tendance à avoir des sautes d'humeur, alors gardez l'équilibre dans vos émotions.

En vous, il y a beaucoup de sentiments d'insécurité, même si vous voulez aimer profondément. Vous êtes réservée, vous cachez vos sentiments de peur d'être ridiculisée. Il se peut que vous ayez subi un traumatisme dans votre enfance et que cela vous ait convaincu d'avoir des enfants.

Nombre d'anniversaires 3

Si vous êtes né le 3, 12, 21 ou 30 du mois, vous avez un incroyable sens de l'humour et êtes très créatif. Vous êtes doué pour la communication, amical, enthousiaste et aimez-vous amuser.

Si vous êtes né le 3 de ce mois, vous pouvez facilement vous distinguer par vos capacités créatives. Vos capacités de communication sont excellentes et vous êtes très populaire.

 Les autres sont attirés par-vous à tous points de vue. Parfois, vous semblez distant parce que les gens ne vous comprennent pas toujours, mais il y a aussi des moments où vous ne vous comprenez pas vous-même.

Il a la capacité de prévenir la détérioration de l'humeur et est un résolveur de problèmes par excellence.

Si vous êtes né le 12 de ce mois, vous êtes un enfant de cœur et d'esprit. Comme vous êtes une personne sociable, les gens sont attirés par vous et vous aurez toujours des amis. Vous avez des sentiments profonds et vous vous engagez envers les personnes que vous aimez. Parfois, vous cachez vos sentiments et vos besoins aux autres. Cela peut faire de vous une personne mystérieuse. Vous avez un bon vocabulaire et vous vous exprimez bien, ce qui fait de vous un maître, vous pourriez donc être un orateur. Vous avez beaucoup d'intérêts dans différents domaines de la vie, mais il est important que vous ne preniez pas trop de responsabilités.

Si vous êtes né le 21 de ce mois, vous attirez la chance et les opportunités. Vous aimez partager votre chance avec les autres. Vous êtes très populaire, mais réservé lors des événements sociaux. Vous êtes capable de parler à n'importe qui de n'importe quoi et vous avez un optimisme naturel pour la vie.

Votre attitude aide les autres à améliorer leur humeur et, bien que vous soyez parfois têtu, vous avez un esprit curieux. Vous vous sentez parfois nerveux parce que vous êtes toujours en mouvement ; le repos est important pour vous.

Si vous êtes né le 30 de ce mois, vous êtes très créatif et vous amusez naturellement les autres. Grâce à votre créativité, vous êtes fascinant et vous réussissez dans la vie. Vous rencontrez parfois des difficultés à atteindre vos objectifs personnels. Lorsque vous avez de l'argent, vous êtes généreux et attiré par les bonnes choses de la vie. Les gens ont du mal à connaître votre vraie personnalité, bien que vous soyez très agréable à fréquenter.

Nombre d'anniversaires 4

Si votre anniversaire tombe le 4, le 13, le 22 ou le 31 du mois, votre numéro d'anniversaire est le 4.

Avec ce numéro de naissance, vous avez un désir de sécurité et le besoin de créer des structures solides pour votre avenir. Vous êtes autodiscipliné, sincère et loyal.

Si vous êtes né(e) le 4e jour du mois, vous avez une approche conventionnelle et pratique. Vous savez comment obtenir ce que vous voulez dans la vie et vous êtes déterminé à y parvenir.

Parfois, les goûts sont visibles et il est difficile de changer sa façon de penser. On est heureux quand on peut profiter de la vie. Il est important de prendre du temps pour augmenter sa vitalité. Il faut privilégier le repos. En amour, vous avez beaucoup de mal à exprimer vos émotions les plus profondes. Vous paraissez sérieux, mais lorsque les gens découvrent votre gentillesse, ils vous adorent.

Si vous êtes né le 13 de ce mois, vous êtes une personne complexe. Vous êtes intellectuel et avez une capacité de raisonnement monumentale. Vous avez le talent de surmonter les obstacles et pouvez percevoir quand les choses vont mal afin de les contrecarrer.

Vous savez résoudre les problèmes et avez une approche pratique et énergique. Les traditions sont importantes pour vous, tout comme votre famille.

Il a une attitude équilibrée, mais se laisse parfois amuser.

Si vous êtes né(e) le 22 de ce mois, vous êtes un(e) organisateur(tric) et un(e) leader né(e). Vous êtes curieux et cherchez des réponses aux énigmes de la vie. Bien que vous soyez indépendant, vous travaillez bien en groupe.

Vous avez une joie de vivre naturelle et l'équilibre est important pour vous. Votre humour peut facilement s'estomper. Vous avez beaucoup d'amitiés inhabituelles et vous avez besoin de les rendre heureuses. Vous êtes parfois sensible et essayez de cacher vos sentiments pour montrer que vous êtes fort.

Si vous êtes né le 31 de ce mois, vous êtes toujours en mouvement et vous voyagez souvent. Vous avez des dons artistiques, mais votre esprit est fort et *déterminé. Vous avez des idées et la capacité de les exploiter et de les mettre en pratique si nécessaire. Vous êtes travailleur, pratique et concret. Vous avez des idéaux élevés et vous êtes honnête. Vous pouvez parfois être rigide dans vos attitudes, essayez donc d'être flexible.*

Nombre d'anniversaires 5

Si vous êtes né le 5, le 14 ou le 23 du mois, votre numéro d'anniversaire est le 5.

Vous avez un sens exagéré de l'aventure. La liberté est importante pour vous, mais elle vous rend impatient. Vous aimez le changement, vous êtes entreprenant, curieux et tourné vers l'avenir.

 Si vous êtes né(e) le 5 du mois, vous êtes *peu traditionnel(le) et aimez faire ce qui vous plaît. Vous avez une vision unique de la vie. Votre énergie est illimitée, ce qui signifie que vous êtes constamment en mouvement et que vous pouvez être rebelle parce que vous détestez suivre les règles. Votre personnalité est magnétique et les autres vous trouvent fascinant. Vous avez du mal à vous engager et vous êtes prompt à l'analyse.*

Si vous êtes né le 14 de ce mois, vous aimez prendre des risques calculés et cela fait partie de votre personnalité. Vous avez une bonne mémoire, ce qui vous amène à penser aux blessures du passé. Vous devez faire preuve de souplesse et d'adaptabilité. Vous aimez manger et boire et vous vous faites plaisir. Vous êtes très généreux et les autres vous aiment.

Si vous êtes né le 23 de ce mois, vous êtes polyvalent et rapide. Vous faites confiance à votre intuition et pouvez avoir des capacités psychiques. Vous écoutez toujours votre voix intérieure et vous avez beaucoup d'énergie, ce qui peut vous rendre agité et vous amener à essayer de nouvelles choses. Bien que vous soyez confronté à de nombreux défis, vous parvenez toujours à rester debout.

Nombre d'anniversaires 6

Si votre anniversaire tombe le 6, le 15 ou le 24, votre numéro d'anniversaire sera le 6.

Vous évitez les disputes, préférant la paix et l'harmonie dans votre environnement. Vous vous sentez souvent mal à l'aise lorsque vous vous disputez avec les autres. Les gens sont attirés par votre magnétisme.

Si vous êtes né le 6 de ce mois, vous avez des compétences en affaires, vous êtes artistique et charmant. Vous avez la capacité de surmonter n'importe quel défi. Vous attachez de l'importance à votre vie de famille et vous aidez toujours ceux qui sont dans le besoin. Vous prenez souvent trop de responsabilités.

Il aime prodiguer des conseils aux autres, mais a du mal à accepter les critiques.

Si vous êtes né le 15 de ce mois, vous êtes sensible. Vous êtes empathique et vous essayez d'aider ceux qui sont dans le besoin. Parfois, vous prenez en charge les problèmes des autres et il peut être très difficile pour vous de les laisser aller. La vie de famille est très importante pour vous. Vous êtes très respecté dans les affaires et vous attirez des personnes influentes dans votre vie.

Si vous êtes né(e) le 24 du mois, vous travaillez dur pour atteindre vos objectifs et vous aimez la simplicité. La clé de votre succès réside dans votre approche pratique et correcte. Vous prenez souvent les devants lorsque les autres ne peuvent pas suivre, mais vous attendez aussi des autres qu'ils prennent leurs responsabilités. Vous êtes souvent entouré d'enfants ou de personnes de nature joviale. La maison est votre refuge et la musique est votre moyen préféré de vous détendre.

Nombre d'anniversaires 7

Si vous êtes né les 7, 16 et 25 du mois, votre numéro d'anniversaire est le 7.

Vous êtes réfléchi et toujours à la recherche du sens de la vie. Lorsque vous devez prendre des décisions, vous adoptez une approche mesurée car vous détestez commettre des erreurs. Vous êtes attiré par la nature car elle nourrit votre esprit et votre âme.

Si vous êtes né(e) le 7 de ce mois, vous semblez distant(e) car vous êtes naturellement timide. Vous aimez l'intimité et peu de gens connaissent votre véritable personnalité. Vous êtes très curieux et posez constamment des questions, bien que vous soyez réticent à l'idée d'être interrogé. Vous faites confiance à votre intuition.

Si vous êtes né le 16 de ce mois, vos capacités de perception sont excellentes, vous détectez le mal immédiatement. Il est important pour vous de terminer ce que vous avez commencé, vous devez donc être plus analytique. Vous êtes souvent considérés comme des perfectionnistes. Vous devez essayer de voir les

aspects positifs de la vie, car vous devez contrôler vos
sautes d'humeur.

Si vous êtes né(e) le 25 de ce mois, vous avez besoin
de calme et de tranquillité et souhaitez être seul(e). Il
est important que vous puissiez vous détendre et
revitaliser votre esprit. Vous êtes attiré par la mer,
vous êtes très curieux et vous essayez toujours de
comprendre comment les choses fonctionnent. Il est
important que vous suiviez votre instinct et que vous
acquériez des connaissances métaphysiques.

Nombre d'anniversaires 8

Si vous êtes né le 8, le 17 ou le 26 du mois, votre
numéro d'anniversaire sera le 8.

Vous avez besoin d'être votre propre patron ou
d'occuper un poste où vous exercez des
responsabilités et pouvez superviser d'autres
personnes. Vous êtes très motivé par les biens
matériels. Vous êtes très sûr de vous et ambitieux.

Si vous êtes né le 8 du mois, vous êtes entouré d'une
incroyable aura magnétique. Certaines personnes
vous trouvent intimidant. Vous aimez prendre vos
propres décisions et détestez qu'on vous dise quoi
faire.

Le succès est très important dans sa vie et il trouve le bonheur en ayant de l'argent et en s'efforçant de réussir matériellement.

Si vous êtes né le 17 de ce mois, vous êtes ambitieux et vous réussissez dans toutes vos activités. Vous avez une bonne mémoire, mais aussi une tendance à la dépendance. Vous êtes parfois égocentrique. Vous êtes analytique et avez besoin de preuves tangibles plutôt que d'écouter des informations aléatoires. Vous êtes organisé et avez du succès dans les affaires financières.

Si vous êtes né le 26 de ce mois, vous avez un besoin inné de relations équilibrées. Vous aimez la maison et la famille, mais vous êtes souvent trop occupé pour en profiter. Vous êtes plus heureux lorsque vous êtes entouré d'animaux. Vous avez des qualités de leader, vous êtes organisé, mais vous souffrez du stress. Il est important que vous appreniez à garder votre calme et à gérer les facteurs de stress.

Nombre d'anniversaires 9

Si vous êtes né le 9, le 18 ou le 27 du mois, votre numéro d'anniversaire est le 9.

Vous voulez rendre le monde meilleur. Vous êtes ouvert d'esprit et vous vous intéressez aux questions de politique mondiale. Vous avez la capacité de comprendre des personnes ayant des modes de pensée différents.

Si vous êtes né le 9 de ce mois, votre cœur est bon et compatissant. Vous êtes idéaliste et tendez toujours la main à ceux qui sont dans le besoin. Dans votre vie privée, vous êtes réservé et très créatif. Vous êtes sociable et facilement attiré. Vous êtes des rêveurs et cherchez à inspirer les autres. N'oubliez pas de prendre soin de votre santé.

Si vous êtes né le 18 de ce mois, vous avez le *potentiel pour réussir. Vous êtes artistique, vous connaissez vos points forts, vous êtes très indépendant et leader. Vos goûts sont raffinés et vous avez besoin de vous stimuler mentalement. Vous avez tendance à vous désintéresser des choses insignifiantes.*

Si vous êtes né le 27 de ce mois, *vous êtes très réservé dans votre vie privée et gardez vos émotions pour vous. Vous soutenez passionnément les personnes qui vous entourent et vos capacités de communication sont incroyables. Vous avez beaucoup de créativité et pourriez devenir un excellent écrivain ou compositeur. Vous pouvez également vous intéresser à la politique.*

En plus de ses connaissances astrologiques, Rubi possède une formation professionnelle approfondie ; elle est certifiée en psychologie, hypnose, reiki, guérison bioénergétique avec des cristaux, guérison angélique, interprétation des rêves et est formatrice spirituelle. Rubi a des connaissances en gemmologie, qu'elle utilise pour programmer des pierres ou des minéraux et les transformer en puissantes amulettes ou en talismans de protection.

Rubi a une nature pratique et orientée vers les résultats, ce qui lui a donné une vision spéciale et intégrative des différents mondes, facilitant la recherche de solutions à des problèmes spécifiques. Alina rédige des horoscopes mensuels pour le site web de l'Association américaine des astrologues, qui peuvent être consultés à l'adresse www.astrologers.com. Elle tient actuellement une chronique hebdomadaire dans le journal El Nuevo Herald sur des sujets spirituels, publiée tous les lundis en version imprimée et numérique. Il présente également un programme hebdomadaire et un horoscope sur la chaîne YouTube du journal. Son annuaire astrologique est publié chaque année dans le journal "Diario las Américas", avec la rubrique Rubi Astrologer.

Rubi a écrit plusieurs articles sur l'astrologie pour la publication mensuelle "Today's Astrologer" et a donné des cours sur l'astrologie, le tarot, la lecture des lignes de la main, la guérison par les cristaux et l'ésotérisme. Elle diffuse des vidéos hebdomadaires sur des sujets ésotériques sur sa chaîne YouTube : Rubi Astrologer. Elle a eu sa propre émission d'astrologie diffusée quotidiennement sur Flamingo T.V., a été interviewée dans le cadre de divers programmes télévisés et radiophoniques et publie chaque année son "Annuaire astrologique", qui contient l'horoscope signe par signe et d'autres sujets mystiques intéressants.

Elle est l'auteur des livres "Rice and beans for the soul" Part I, II et III, une collection d'articles ésotériques publiés en anglais, espagnol, français, italien et portugais. Money for All Pockets", "Love for All Hearts", "Health for All Bodies", Astrological Yearbook 2021, Horoscope 2022, Rituals and Spells for Success en 2022, Spells and Secrets, Astrology Lessons, Rituals and Spells 2024 et Chinese Horoscope 2024 sont disponibles en cinq langues: anglais, italien, français, japonais et allemand.

Rubi parle couramment l'anglais et l'espagnol et combine tous ses talents et connaissances dans ses lectures. Elle vit actuellement à Miami, en Floride.

Pour plus d'informations, veuillez **consulter le site** *www.esoterismomagia.com.*

Alina A. Rubi est la fille d'Alina Rubi. Elle étudie actuellement la psychologie à l'Université internationale de Floride.

Elle s'intéresse à tous les sujets métaphysiques et ésotériques depuis son enfance, pratiquant l'astrologie et la Kabbale depuis l'âge de quatre ans. Elle connaît le tarot, le reiki et la gemmologie. En plus d'être auteur, elle est également l'éditrice, avec sa sœur Angeline A. Rubi, de tous les livres publiés par elle et sa mère.

Pour de plus amples informations, veuillez contacter : **rubiediciones29@gmail.com**

Bibliographie

Articles publiés par l'un des auteurs dans le Nuevo Herald.

www.ingramcontent.com/pod-product-compliance
Lightning Source LLC
Chambersburg PA
CBHW060120120726
48003CB00009B/2721